AF211345

IMPRESSUM

Autor: Jens Krüger

Kontakt: aviliator@aol.com

Herstellung und Verlag: Books on Demand
GmbH, Norderstedt

ISBN 9783839116876

Was ist der Unterschied zwischen deiner
Mudder und einem Nilpferd? Das eine hat
ein großes Maul und einen fetten Arsch.
Das andere lebt am Nil.

Deine Mudder ist so fett, am Flughafen wird
sie gefragt: "Erste Klasse oder Fracht?"

Deine Mudder wurde öfter verkauft als der
VW-Käfer.

Deine Mudder Arbeitet bei Ikea als unterste
Schublade.

Deine Mudder ist so fett, wenn sie
am Fernseher vorbei läuft, verpasse ich zwei
meiner Lieblingssendungen.

MC Donald hat angerufen: Deine Mudder steckt in der Rutsche fest.

Deine Mudder isst Kürbisjoghurt mit ganzen Früchten.

Deine Mutter ist so fett, ihr Bauch ist per Überhangmandat in den Bundestag eingezogen!

Deine Mudder wird von Irakern mit Schuhen beworfen.

Deine Mudder spielt Gitarre bei LORDI und trägt keine Maske.

Deine Mudder ist die Preisempfehlung von billiger.de.

Deine Mudder hat eine Handy-Homezone beim Arbeitsamt und braucht dort keine Nummer mehr ziehen, weil sie einen VIP Status hat.

Deine Mudder ist Kettenraucherin und ihr Arzt fragte sie, ob sie Krebs haben will. Sie antwortete: "Jo, zum hier Essen!"

Deine drogensüchtige Mudder bekommt jetzt ihre eigene Comedy Show: "Was kokst Du?".

Deine Mudder ist wie ein Kondom - einmal benutzt und weggeworfen.

Deine Mudder ist so dumm, sie nimmt ein Lineal mit ins Bett um zu gucken, wie lange sie schläft.

Deine Mudder wird zum Hulk, wenn kein Schnaps im Haus ist.

Deine Mudder ist so dumm, sie wartet vor dem Pfandflaschenautomat auf einen besseren Kurs!

Den einzigen Schmuck, den sich deine Mudder leisten kann, sind Schweißperlen.

Deine Mudder singt beim Burger essen: "Du bist das Beste, was mir je passiert ist".

Deine Mudder bietet ihren Freiern neuerdings die "Abfuck-Prämie" an.

Deine Mudder kennt den Weg nach Mordor.

Deine Mudder überfällt Fahrzeuge, die aus dem Drive-In kommen.

Mach mal bitte deiner Mudder klar: Blowjob ist kein Beruf.

Deine Mudder hat so wenig aiming, die trifft nicht mal den Himmel.

Von der Blutprobe deiner versoffenen Mudder kann die Verkehrspolizei ein Betriebsfest veranstalten.

Die einzige Geschwindigkeitsangabe, die deine Mudder kennt, ist: "Burger pro Sekunde".

Auf deiner Mudder ist mehr Verkehr, als aufm Berliner Hauptbahnhof.

Deine Mudder gibt Nina Hagen Schminktipps.

Deine Mudder ist so alt, die hustet Staub.

Deine Mudder ist so fett, dass sie mit Boxhandschuhen popeln kann.

Deine Mudder ist so fett, sie wird morgens Stück für Stück wach.

Deine Mudder bewirbt sich als "Germanys Next Top Nutte".

Deine Mudder ist so asozial, sie bringt den Müll nicht raus, sondern rein.

Deine Mudder ist wie ein Öltanker. Sie braucht ganze 20 Minuten für eine volle Umdrehung.

Deine Mudder singt beim Klogang "Love is in the Air".

Deine Mudder ist so billig, das einzige, was sie kostet, ist Überwindung.

Deine Mudder macht mehr 3er als BMW und schluckt mehr als ein 7er.

Deine Mudder wurde bei der Samenbank gefeuert, weil sie während der Arbeit trinkt.

Was hat deine Mudder mit Batman gemeinsam? Ihr Hinterteil brennt wie das vom Batmobil.

Deine Mudder spuckt Dir ins Gesicht und schreit: "Aquaknarre!".

Deine Mudder kriegt öfter was in den Schlitz als ein Videorekorder.

Deine Mudder ist beim Sex wie Praktiker Baumarkt: Geht nicht gibt's nicht. Und „Hier spricht der Preis".

Deine Mudder singt: "Liebe ist, wenn es Landliebe ist" und hat dabei Sex mit einer Herde Schafe.

Deine Mudder ist wie die DEVK: Persönlich, preiswert, nah.

Deine Mudder ist so fett, für sie ist sogar Bratensoße ein Erfrischungsgetränk.

Der Vibrator deiner nymphomanen Mudder hängt an der Autobatterie.

Deine Mudder bewirbt sich bei "The Next Uri Geller", weil sie die Zauberkraft hat, die Luft stinken zu lassen.

Das Lebensmotto deiner Mudder ist: "Der Klügere kippt nach."

Deine Mudder hat einen Buckel und schaukelt deshalb beim Sex.

Deine Mudder rollt schneller durch die Kurven als Sonic.

Deine Mudder schminkt sich mit Edding.

Deine Mudder läuft im Handstand durchs Minenfeld, damit sie ihre Beine nicht verliert.

Deine Mudder ruft bei den Bullen an und fragt, ob die Ausnüchterungszelle für heute Abend schon reserviert ist.

Deine Mudder trinkt lieber Milch von Bullen statt von Kühen.

Deine Mudder spielt beim McDonalds Monopoly - Gewinnspiel mit und landet im Gefängnis.

Deine Mudder ist so asozial, dass die Katze euer Klo putzen muss.

Das Gesicht deiner Mudder ist wie die Sonne. Man kann nicht direkt hingucken ohne Augenschäden zu kriegen.

Deine Mudder hat sich für das Jahr 2009 folgendes vorgenommen: Mehr Saufen. Mehr Rauchen. Mehr Randalieren. Ihre Preise senken!

Deine Mudder ist wie Spargel: Jedes Jahr kommen 1000 Polen um Sie zu stechen!

Deine Mudder glaubt, dass sie im Nagelstudio was zu bumsen kriegt.

Deine Mudder hält sich für Gangsta und geht mit einem Messer zur Schießerei.

Der IQ deiner Mudder nähert sich langsam 0... von unten.

Deine Mudder wünscht all ihren Freiern ein frohes neues Jahr.

Deine Mudder versucht im Chat mit der Leertaste zu spammen.

Deine Mudder hat keine Löcher in den Socken, sondern einen Socken im Loch.

Deine Mudder hat keine Arme und sagt: "Ich nehme die Sache in die Hand".

Deine Mudder säuft mehr in einer halben Stunde als ein Hooligan am gesamten Bundesligaspieltag.

Deine Mudder hatte einen Schlaganfall und hat 30 Leute verprügelt.

Jumbo Schreiner hat deine Mudder getestet - als größte Hure der Welt!

Deine Mudder macht im Aldi den Einkaufswagen voll, rennt zur Kasse und sagt: "Zum hier Essen."

Deine Mudder ist wie ein Taxifahrer. Sie hat immer einen hinten drin.

Über dem Niveau deiner Mudder ist neulich eine Kellerwohnung freigeworden.

Wenn deine verhasste Mudder stirbt,
kommen die Menschen zur Beerdigung und
gratulieren Dir.

Deine Mudder ist so verballert, die fragt den
Vibrator, warum er so zittert.

Deine besoffene Mudder schreit am Ende
der Party: "Tragt mich zum Auto - ich fahr
euch alle nach Hause!".

Deine Mudder ist so dumm, sie hat sich mit
Zohan angelegt.

Das erste, was deine Mudder bei den
Anonymen Alkoholikern sagt, ist ihr Name,
Adresse & Telefonnummer.

Deine Mudder ist wie ein Nintendo DS. Anfassen und spielen.

Die einzige Beziehungskiste, die deine Mudder hat, ist der Sarg.

Deine unerzogene Mudder wurde als Kind von der Super-Nanny verprügelt.

Deine Mudder geht zum Vorstellungsgespräch und singt: "Arbeit nervt!"

Dein Vater scannt deine fette Mudder mit dem Jamba-Handynacktscanner.

Deine Mudder wäscht sich ihre ollen Haare mit Cilit Bang.

Deine Mudder ist so fett, die trägt doch den heiligen BH. Wenn du den hinten öffnest, dann fallen vorne zwei auf die Knie!

So merkt sich Deine Mudder die 11 88 0:
11 Promille, 88 Anzeigen, 0 Bock auf Arbeit.

Deine Mudder liegt an Silvester vor mir und ich feiere rein.

Deine Mudder ist so hässlich, sie ist Bäuerin und das einzige, was sie erntet, ist Missachtung.

Deine Mudder ist unbeliebter als Windows Vista!

Deine Mudder bestellt DSL Light um abzunehmen.

Deine Mudder spielt Penner Game ohne PC.

Du wurdest von Deiner Mudder in der Ausnüchterungszelle geboren.

Deine Mudder steckt sich zu Fasching eine Gardinenstange in den hintern und geht als Spanferkel.

Deine Mudder ist wie Homer Simpson: fett, versoffen & hat jeden Tag das gleiche an.

Deine Mudder ist so fett, ihr Lieblingsfilm ist Slim Fast and the Furious.

Du bist stellvertretender Geschäftsleiter bei der Firma "Hure & Sohn".

Deine Mudder ist so arm, ihr Lieferservice ist "Die Tafeln e.V."

Deine Mudder zockt Counter Strike gegen Easy-Bots und schreit: "Messerrunde"!

Deine Mudder versucht ihre Weihnachtsgeschenke mit Winrar zu verpacken.

Weißt Du, wer jetzt zusammen ist? Die Augenbrauen deiner Mudder.

Hast Du schon gehört, wer auseinander ist? Die Zähne deiner Mudder.

Was muss man tun, wenn deine Mudder blutend auf dem Boden liegt und dein Vater angerannt kommt? Aufhören zu lachen und nachladen!

Deine Mudder singt "Mein Block" von Sido und zeigt dabei auf 5 Mülltonnen.

Auf dem Bau sagte mal ein Kollege von Deiner Mudder: "Scheiß die Wand an!" Und sie hat es getan!

Deine Mudder ist wie ein Moskito: Man muss sie schlagen, damit sie mit dem Saugen aufhört.

Deine Mudder schiebt sich einen Fisch zwischen die Pobacken und behauptet, sie wäre eine Meerjungfrau.

Deine Mudder dreht Quadrate bei Tetris.

Darf ich deine Mudder mal bitte ausleihen? Ich brauch noch was dickes mit Bart für Weihnachten.

Dein Vater hängt den Schwanz aus dem Fenster, weil selbst der Wind besser bläst als deine Mudder.

Deine Mudder ist so dumm - sie guckt bei einer Glastür durchs Schlüsselloch.

Deine debile Mudder hat da was missverstanden: Sie geht zum Training bei McDonalds anstatt zu McFit.

Deine ständig besoffene Mudder wird in der
Jahresbilanz von Holsten namentlich
erwähnt.

Deine Mudder macht hinter Aldi
Armdrücken um Pfandflaschen.

Deine Mudder steht vor dem Spiegel und
schreit: NEXT!

Deine Mudder versucht Videos auf einem
iPod Shuffle zu gucken.

Deine Mudder legt Karten auf AstroTV...
Arschkarten!

Deine Mudder wird im Stau geblitzt.

Deine Mudder kippt Actimel übern PC - um ihn vor Viren zu schützen!

Deine Mudder ist Kondomtesterin. Du bist der erste von 10 Fehlversuchen.

Deine Mudder würde NPD wählen... wenn sie in die Wahlkabine passen würde.

Deine Mudder bindet sich einen Autoreifen auf den Rücken und denkt sie wär Transformer.

Deine Mudder läuft nachts in einem Ledermantel durch Gotham City und jagt Verbrecher.

Deine Mudder rettet den Regenwald allein durch Kaufen von Krombacher Bierkästen.

Deine Mudder ist so unbeliebt, nicht mal der Skype Testanruf spricht mit ihr!

Wenn deine Mudder Amok läuft, will sie erst sich und danach 6 andere Menschen erschießen.

Deine Mudder ist so dumm, sie ist ein Emo und versucht sich mit einem Elektrorasierer zu schlitzen.

Was ist der Unterschied zwischen Holz und deiner Mudder? Holz arbeitet.

Deine Mudder ist Groupie von Horst Schlämmer.

Deine Mudder ist so fett, sie ist für die Armee von strategischer Bedeutung.

Deine Mudder stürzt öfter ab als Windows.

Deine Mudder haut ihr Gesicht auf'n Grill
und ruft: "Don't call it Schnitzel!"

Neben deiner Mudder sieht Alf aus wie
frisch rasiert!

Deine Mudder ist Lehrer -
Bierflaschenentlehrer!

Sag mal deiner fetten Mudder, sie soll ins
Freibadbecken springen, dann haben wir
endlich Wasser auf dem Mond!

Deine Mudder ist so gefräßig, die bestellt
sich zweimal "All you can Eat".

Deine Mudder hat mehr unbezahlte Rechnungen als Max Mustermann.

Deine Mudder rennt in den Aldi, wirft eine Orange auf den Boden und schreit:" Los Pickachu!"

Deine Mudder sitzt in der Biotonne und singt: "It's my life..."

Deine Mudder backt Kuchen mit Schießpulver.

Deine Mudder ist so fett, wenn sie sich umdreht, feiern ihre Freunde eine "Willkommen - zurück Party".

Deine Mudder spielt Online Poker mit Sonnenbrille.

Deine Mudder ist so arm, sie hängt benutztes Toilettenpapier zum Trocknen auf.

Deine Mudder ist noch schlechter im Bett als deine Schwester.

Deine Mudder spickt beim Idiotentest.

Deine Mudder macht 12 Diäten gleichzeitig - von einer alleine wird sie nicht satt.

„Deine Mudder wird öfter geknallt als die Tür vom Arbeitsamt."

Das Haus deiner Mudder ist so dreckig, sie muss sich die Füße abtreten, wenn sie rausgeht.

Deine Mudder ist so dumm, sie sagt zu dir:
"Ich bin deine Mudder, du Hurensohn!"

Deine Mudder hat zwei rechte Arme und
sagt "Das schaff' ich doch mit Links"

Deine Mudder beantragt Hartz IV bei
Monopoly!

Deine Mudder hatte Sex mit Gollum.

Deine Mudder wollte dich eigentlich nach
Deinem Erzeuger benennen, aber
GANGBANG ist ein blöder Name!

Wenn du in der Schule eine schlechte Zensur bekommst, muss deine Mudder in die mündliche.

Deine Mudder ist so arm, wenn sie um den Teich geht, schmeißen die Enten Brotkrumen!

Deine Mudder liegt breitbeinig auf dem Marktplatz und schreit "Freistoß".

Deine Mudder hat einen neuen Job bei ALDI: Sie sitzt im Leergutautomaten und säuft die Reste aus!

Deine Mudder liest dieses Buch und nickt.

Fettes Brot singt, dass deine Mudder endlich ihre Brüste einpacken soll.

Deine Mudder ist so fett, wenn sie von einem Hochhaus springt, dann singt Massiv "Wenn der Mond in mein Ghetto kracht."

Deine Mudder ist so dumm, die schreit auf einem Hiphop Konzert: "Ich bleibe Punk mein leben lang!"

Deine Mudder ist so dumm, sie beißt in 'ne Bierflasche und sagt: "Hmm lecker - mit Füllung!"

Deine Mudder hat 'nen Brennholzverleih.

Deine Mudder hupt bevor sie gegen einen Baum fährt.

Deine Mudder versucht bei Tetris den höchsten Turm zu bauen.

Deine Mudder stampft den Wein fürs Tetra-Pack.

Wenn deine Mudder furzt, wird sie von Al Gore wegen globaler Erwärmung verklagt.

Deine Mudder ist so haarig, die einzige Sprache, die sie spricht, ist wookie.

Deine Mudder nutzt den Telefonjoker um zu fragen, welche Farbe das weiße Haus hat.

Deine Mudder ist so dumm, sie läuft bei Super Mario nach links.

Deine Mudder zupft sich die Augenbrauen mit einer Rohrzange.

Deine Mudder hat drei Arme und lacht über
Behinderte.

Deine Mudder arbeitet bei der Marine - als
Flugzeugträger.

Deine Mudder ist wie 'ne Packung
Chinaböller: 5mal knallen - 30 Cent.

Deine Mudder ist so doof, die hat ein Bein
und lässt sich tunneln!

Deine Mudder googelt bei Yahoo!

Hey, lass meine Mudder aus dem Spiel.
Dann lass' ich deine aus dem Keller!

Deine Mudder ist wie MS - Dos: alt und für
nichts zu gebrauchen.

Deine Mudder ist ca. 80 cm groß, sehr behaart und lebt bei Familie Tanner.

Deine Mudder ist Suchergebnis 1-156 bei Youporn.

Deine Mudder hatte Sex mit allen 4 Ludolfs!

Deine Mudder ist der Polizist bei den Village People.

Deine Mudder ist so dämlich & versoffen, die fragt bei McDonalds nach der Weinkarte.

Deine Mudder ist nicht im Dschungelcamp, lutscht aber trotzdem Känguruhoden.

Deine Mudder ist an allem schuld - wie der kleine Affe aus Outbreak.

Deine Mudder hatte Beef mit Savas und singt "Ich bin der König von Deutschland".

Deine Schwester hat angerufen, deine Mudder hat sich losgerissen und frisst das ganze Heu.

Deine Mudder verkauft Stöcker im Wald.

Deine Mudder wird gefoult und kriegt die rote Karte.

Auf die Frage, ob sie Knut kennt, antwortete deine Mudder: "Ich kann mir nicht jeden merken, mit dem ich im Bett war."

Die Lieblingsmarke deiner Mudder ist "Deutsche & Albaner".

Deine Mudder ist wie das weiße Einhorn - das allerletzte.

Deine Mudder steht um 7:59 Uhr vor Aldi und singt: "It's the Final Countdown."

Deine Mudder ist aufgestiegen: von Hartz4 auf ALG1.

Deine Mudder puhlt Erdnüsse für Snickers.

Deine Mudder holt ihr Mittagessen mit dem Gabelstapler von der Pommesbude!

Wenn deine Mudder sich die Haare wäscht, bricht in der Nordsee eine Ölpest aus.

Deine Mudder fällt mit geöffnetem Fallschirm schneller, als Jürgen Möllemann ohne.

Deine Mudder sitzt unter der Brücke und singt: "Oh Happy Day..."

Deine Mudder lispelt beim Chatten.

Was hat deine Mudder mit einer Bowlingkugel gemeinsam? Sie ist rund und hat drei Löcher.

Deine Mudder ist wie Billigwein! Kostet nicht viel, knallt aber gut!

Deine Mudder möchte ihr Bier geschüttelt und nicht gerührt.

Deine Mudder Ist so billig, sie fährt nach Polen rüber um anzuschaffen.

Deine Mudder ist so fett, wenn sie ins Auto steigt muss sie erst mal zum TÜV fahren und die Tieferlegung eintragen.

Deine Mudder heißt Cindy und kommt aus Berlin Marzahn.

Deine Mudder ist so fett, die passt nicht mal durchs Stargate!

Deine Mudder ist so dumm, als dein Vadder sie um Doggystyle gebeten hat, ist sie rausgerannt und hat sich ihre Eier geleckt!

Deine Mudder geht zu "Wetten, dass..?" und behauptet, sie kann alle Männer der Stadt am Geschmack erkennen.

Deine Mudder hatte ihr Filmdebut in "Die Mumie kehrt zurück."

Deine Mudder steht vor Kik und schreit: ''Ich bin billiger!''

Das Lebensmotto deiner Mudder lautet: "Zwischen Leber und Milz passt immer ein Pils."

Deine Mudder ist so notgeil, die geht sogar auf Aas!

Deine Mudder macht in der Badewanne Breakdance.

Deine Mudder zieht Flip Flops mit dem Schuhlöffel an.

Deine Mudder bekommt beim Elternabend einen Klassenbucheintrag.

Deine Mudder hat sich THUG LIFE auf den Bauch tätowiert.

Deine Mudder hat das Internet entdeckt. Sie sucht jetzt den Sperrmüll über Google Earth.

Wenn deine Mudder ne Kontaktanzeige aufgibt, schreibt sie "Fett sucht Pfanne".

Deine Mudder wurde bei der Bäckerei gefeuert! Sie sollte "Herzlichen Glückwunsch" auf eine Torte schreiben. Leider blieb die Torte in der Schreibmaschine stecken...

Deine Mudder hat nur 3 Finger und sagt trotzdem „gib mir Five".

Deine Mudder kackt vor Aldi, weil auf der Tür "Drücken" steht.

Mit deiner Mudder ist es wie mit Pilzen: Mit Scheiße füttern und im Dunkeln halten.

Deine Mudder glüht härter vor als Alkis Party machen.

Als ich deine Mudder letztens geknallt hab, sind Luftballons von der Decke gekommen und sie hat laut geschrien: "Sie sind der 1000. Kunde!"

Deine Mudder peilt nix mehr und gießt Seerosen.

Deine Mudder hat keine Arme, sitzt in der Fußgängerzone und singt "Put ya Hands up in the Air".

Deine Mudder hat ein Gesicht wie die Tour de France - 14 Tage voll reintreten.

Deine Mudder hat angerufen: Du sollst nach Hause kommen und ihr den Rücken kämen.

Deine Mudder steht auf dem Internetkabel und behauptet, sie wäre online.

Deine Mudder ist wie Jesus. Sie behauptet der Sohn Gottes zu sein und jeder will sie kreuzigen.

Deine Mudder besäuft sich an jedem Wochentag, der mit "G" endet - und am Mittwoch.

Deine Mudder ist so dämlich, dass sie deutsche Zigaretten nach Polen schmuggelt.

Deine Mudder macht Telefonstreiche bei 9Live.

Deine Mudder ist so nutzlos wie ein Pimmel am Papst.

Deine Mudder ist bei Glücksrad, kauft ein A und löst „Bockwurst"

Bei deiner Mudder sind Schwänze wie Erinnerungen - sie kriegt sie nicht aus dem Kopf.

Deine Mudder ist wie Schinkenspicker - halb Rind, halb Schwein.

Deine Mudder wird öfter begrabscht als ein Touchscreen.

Nach der Geburt deiner Mudder wollte die Hebamme Schmerzensgeld!

Deine Mudder stinkt so sehr, dass sogar echte Penner sagen:" Guck mal, da kommt der Penner wieder!"

Deine Mudder ist wie MP3. Sie lässt sich auf meinen Stick ziehen.

Deine Mudder ist wie meine Karriere - ich habe sehr viel reingesteckt.

Deine Mudder spielt Counter Strike mit Lenkrad.

Deine Mudder ist wie 'ne Schrotflinte, knicken und von hinten laden.

George Bush lässt US Truppen bei euch zu Hause einmarschieren, weil deine Mudder zur Achse des Bösen gehört.

Deine Mudder ist beim "Wii-spielen" entzahnt worden.

Deine Mudder hat Hausverbot bei der Bahnhofsmission, weil sie den Pennern immer die Decken klaut.

Deine Mudder ist so blöd & fett, die winkt auf Google Earth!

Deine Mudder ist Platin gegangen. Sie wurde mehr als 1.000.000-mal verkauft.

Deine Mudder ist am Herrentag immer die erste in der Kolonne.

Azad holt deine Mudder da raus!

Deine Mudder spielt russisches Roulette mit
automatischen Waffen.

Deine Mudder geht auf den Strich und
schreit:" Bom Chicka Wah Wah"

Der Lebensgefährte deiner Mudder heißt
Johnny Walker.

Deine Mudder raspelt Kokosnüsse für
Bounty.

Deine Mudder spielt Counterstrike - ohne
PC.

Als dein Opa deine Mudder gesehen hat,
hat er vor Wut den Storch erschossen.

Deine Mudder vertont mit ihrem Raucherhusten Kriegsfilme.

Deine Mudder ist alt, faltig und leitet ein Atomkraftwerk in Springfield.

Dein Vater fährt deine Mudder im Bangbus durch die Gegend!

Deine Mudder läuft halbnackt durch die Gegend und ruft "Das ist Spartaaaa!"

Deine Mudder ist der Dickste auf'm Schrottplatz.

Deine Mudder ist wie ein trojanisches Pferd. 70 Männer passen rein.

Deine Mudder ist wie Open Source. Jeder darf an ihr rumbasteln.

Deine Mudder ist so fett, sie belegt zwei Slots auf unserem Server.

Wenn Blödheit aus Gold wäre, müsste deine Mudder nicht mehr anschaffen gehen.

Warum sollen wir weiter nach alternativen Energiequellen forschen? Wir verheizen einfach deine Mudder.

Deine Mudder ist so hässlich, sie steht Modell für die Bärchenwurst.

Wenn Dummheit knallen würde, wäre bei deiner Mudder das ganze Jahr über Silvester.

Deine Mudder hat sich auf der Titanic 'nen Eisbergsalat bestellt.

Deine Mudder sucht einen Mann mit Pferdeschwanz. Frisur egal.

Deine Mudder ist so dumm, dass sie öfter über'n Tisch gezogen wird als ein Putzlappen.

Die Deutsche Bahn lässt deine Mudder ausschließlich im Viehwaggon mitreisen.

Deine Mudder ist so dumm, dass sie sich beim Schwangerschaftstest auf schwere Fragen vorbereitet.

Deine Mudder ist wie Fußpilz. Wenn man sie abtötet, juckt es niemanden.

Deine Mudder ist der Fels in der Brandung.

Wenn deine Mudder in der Nordsee badet, ersaufen alle Holländer!

Deine Mudder ist so fett, wenn sie sich auf eine Waage stellt, steht "Fortsetzung folgt..." drauf.

Deine Mudder arbeitet auf dem Traumschiff. ---> Als Anker!

Deine Mudder hatte die Hauptrolle in "Big Mamas Haus I + II".

Deine Mudder ist so hässlich, sie wurde als Kind mit der Steinschleuder gefüttert.

Deine Mudder singt beim Kacken: "Drop it like it's hot".

Deine Mudder ist so fett, wenn sie über die Straße geht, berechnet mir mein Navigationssystem eine Ausweichroute!

Man kann deine Mudder tagelang beschäftigen, indem man ihr ein Blatt gibt auf dem beidseitig "Bitte wenden!" steht.

Deine Mudder ist wie ein Briefkasten. Jeder Briefträger in der Stadt hatte schon seine Finger in ihrem Schlitz!

Deine Mudder moderiert Länderspiele zusammen mit Gerhard Delling auf ARD.

Wann hat deine Mudder 'nen Glückstag? Wenn sie im Mülleimer am Bahnhof einen alten Döner findet!

Deine Mudder wurde verprügelt. Sie hat versucht, dem Freier das Portemonnaie zu klauen.

Deine Mudder ist so unbrauchbar wie ein Aschenbecher an einem Motorrad.

Deine Mudder geht nur zur Ü30 Party um sich mit den Türstehern zu prügeln.

Dein Vater blockt deine Mudder bei ICQ.

Deine Mudder ist wie eine Treppe. Sie lässt sich von jedem besteigen.

Deine Mudder ist so bekloppt, dass sie versucht hat, die Autoscheibe von außen hochzukurbeln.

Deine Mudder ist Rechtsträger.

Deine Mudder ist Türsteher vor 'ner Russendisco.

Deine Mudder hat 'nen Login - Button an der Vagina.

Deine Mudder hat ein Gesicht wie ein Feuermelder -> Reinschlagen und wegrennen.

Deine Mudder verprasst das Geld von
einem Anstandsfick für Tankstellenfusel.

Deine Mudder hat dich nie geliebt und
deinen Vater nur nachts.

Deine Mudder ist farbenblind und kauft sich
trotzdem 'nen Game Boy Color.

Die Beine deiner Mudder sind wie schlechte
Milch. Sie sind weiß und stinken.

Deine Mudder hat mehr Ringe in der Nase
als ein Audi am Kühlergrill.

Deine Mudder ist ein Wildecker Herzbube.

Was ist der Unterschied zwischen deiner Mudder und deiner Schwester? Riech' mal an meinen Fingern!

Deine Mudder bekommt öfter was in den Schlitz als ein Sparschwein!

Was hat ein Hamburger von McDonalds mit deiner Mudder gemeinsam? Beide sind fettig und kosten immer 1 Euro!

Deine Mudder ist wie Arcor. Unter der Woche billig und am Wochenende umsonst!

Deine Mudder lässt sich jeden Freitag im Fight Club die Fresse blutig hauen.

Was tut man, wenn man deiner Mudder ins Auto fährt? Man begeht Hausfriedensbruch!

Was hat deine Mudder mit einer Politesse gemeinsam? Sie muss ihr Geld auf der Straße verdienen.

Deine Mudder kam letztens mit einem Haufen Scheiße in der Hand nach Hause und hat gesagt: "Glück gehabt, da wäre ich fast reingetreten!"

Wenn Leute beim Metzger etwas von "der dicken, groben" haben wollen, meinen sie keine Wurst, sondern deine Mudder.

Dir sieht man an, dass deine Mudder während der Schwangerschaft nur geraucht und gesoffen hat.

Deine Mudder hat mehr Schwänze gesehen als ein Bundeswehrarzt bei der Musterung!

Wenn Leute im Juli vom Sommerloch sprechen, meinen sie deine Mudder.

Deine Mudder ist wie ein Bob. In sie passen zwei, drei und sogar 4 Kerle.

Mach mit beim Projekt "Wir verschönern Deutschland" und ziehe deiner Mudder 'ne Tüte übern Kopf!

Deine Mudder ist so fett, dass sie 20-Zoll Felgen als Ohrringe trägt.

Deine Mudder hat Bulimie und Alzheimer zusammen! Sie frisst wie ein Tier und vergisst zu kotzen.

Deine Mudder heißt Pablo und ist Mitglied in einer Straßen-Gang.

Deine Mudder ist wie Google: Jeder hat es mal benutzt.

Deine Mudder trägt ne Alpha-Bomber-Jacke zur Hochzeit.

Deine Mudder bekommt keine 20% auf alles bei Praktiker... außer auf Tiernahrung!

Was ist der Unterschied zwischen deiner Mudder und der Titanic? Auf der Titanic wusste man, wie viele drauf waren.

Deine Mudder ist wie ein Schlachtfeld, die Meisten, die auf ihr waren sind heute verkrüppelt, verstorben oder werden immer noch vermisst.

Sag deiner Mudder, sie soll beim Klauen in der Altkleiderkiste nicht so einen Lärm machen, um die Uhrzeit schlafe ich!

Deine Mudder ist so dumm, sie benutzt ein Tampon als Teebeutel!

Deine Mudder heißt Ottfried und ist der Bulle von Tölz.

Deine Mudder war der Hauptgrund für den Bau der chinesischen Mauer, nicht die Mongolen.

Deine Mudder dreht Tierpornos und dein Vater ist der Affe.

Deine Mudder heißt Tine und renoviert Häuser auf RTL.

Deine Mudder ist so hässlich, bei ihrer
Geburt sagte deine Oma "Was für ein
Schatz" und dein Opa sagte "Ja! Lass ihn uns
vergraben!"

Deine Mudder ist die einzige Hure bei der
man noch mit Mark bezahlen kann.

Deine Mudder ist so dumm, dass sie sogar
Wasser anbrennen lässt.

Wenn deine Mudder sich wäscht und
rasiert, findet sie auch Arbeit.

Deine Mudder hat ein Gesicht wie ein
Turnschuh: reintreten und wohlfühlen!

Was haben Drogen und
Geschlechtskrankheiten gemeinsam? Beide
kriegt man von deiner Mudder.

Das Bett deiner Mudder ist ein
Gewerbegebiet.

Deine Mudder ist so arm, dass sogar die
Mäuse heulend das Haus verließen.

Deine Mudder ist so schwach, sie wurde
von Axel Schultz verprügelt.

Über deine Mudder sind mehr Junkies
gegangen als über die holländische Grenze!

Deine Mudder nimmt Shit rauchen wörtlich!

Was hat deine Mudder, was andere Frauen nicht haben? Den Bauchnabel zwischen den Titten.

Deine Mudder trägt eine Matratze auf dem Rücken, damit sie überall einsatzbereit ist.

Deine Mudder ist der Frontmann einer Death Metal Band.

Was ist der Unterschied zwischen deiner Mudder und einem Eimer voll Scheiße? Na? Der Eimer.

Warum stinkt deine Mudder? Damit auch Blinde sie hassen können!

Deine Mudder ist so dumm, sie läuft den ganzen Tag in der Drehtür herum und sucht die Klinke.

Wann sollte man deiner Mudder ins Gesicht spucken? Wenn der Bart brennt.

Deine Mudder muss die Treppe benutzen, da der Fahrstuhl nur bis 900 KG zugelassen ist.

Deine Mudder hat immer 'ne Pulle Schnaps auf dem Nachttisch, weil sie ohne 3 Promille gar nicht mehr einschlafen kann!

Deine Mudder glaubt Brasilien wird Fußball-Europameister.

Deine Mudder isst zum Frühstück Cornflakes mit Jim Beam.

Deine Mudder fährt den Bus vom A-Team.

Deine Eltern wären besser die 5 Minuten spazieren gegangen.

Wo ich gerade Deine Mudder sehe, fällt mir doch glatt ein, dass ich den Müll noch raus bringen muss.

Deine Mudder wurde vom Arzt nach der Geburt dreimal hochgeworfen aber nur zweimal aufgefangen!

Du bist zwar unnütz, aber als schlechtes Beispiel gut geeignet.

Deine Mudder hat die Haut einer achtjährigen Apfelsine.

Deine Mudder hat die Suppe der Weisheit mit einer Gabel gegessen.

Es gibt fast 6 Milliarden Menschen. Ausgerechnet Deiner Mudder muss ich begegnen.

Ich habe ein Foto von Deiner Mudder ... an der Kellertür, um zu verhindern, dass Ratten ins Haus kommen.

Ich würde mich ja geistig mit deiner Mudder duellieren, aber wie ich sehe, ist sie unbewaffnet.

Wenn Dummheit Fahrradfahren könnte, müsste deine Mudder bergauf bremsen.

Deine Mudder ist einzigartig, jedenfalls hofft das die ganze Menschheit!

Du bist so überflüssig wie ein Sandkasten in der Sahara.

Deine Mutter ist so fett, wenn sie sich auf eine Waage stellt steht "Fortsetzung folgt.." drauf.

Deiner Mutter ist so fett, einmal habe ich sie gesehen und mich von ihr weggedreht und da war sie immer noch.

Deine Mutter ist so fett, selbst Chuck Norris kann sie nicht heben.

Deine Mutter zerreißt Telefonbücher bei „Wetten, dass..?"

Deine Mutter ist ein Toaster: Wenn man sie runterdrückt wird sie heiß.

Deine Mutter ist so fett, wenn die auf die Waage steigt, erscheint meine Handynummer.

Deine Mutter ist so dumm, sie wurde bei der M&M-Fabrik rausgeschmissen, weil sie die W's aussortiert hat.

Deine Mutter hängt bei Aldi im Drehkreuz und riecht nach Wurst.

Deine Mutter und dein Vater fahren mit der Geschwisterkarte Bahn.

Deiner Mutter geht zu „Wer wird Millionär", um ein Glas Wasser zu trinken.

Deine Mutter ist so fett, unter ihrem Kleid ist ein Flüchtlingslager.

Deine Mutter ist so fett, wenn sie Fußball spielt, steht sie immer im Aus.

Deine Mutter ist so hässlich, dass dein Vater Methylalkohol säuft, in der Hoffnung blind zu werden.

Deine Mutter kloppt sich im Park mit den Enten um das Brot!

Deine Mutter ist so fett, dass Moby Dick neben ihr aussieht wie ein Tick Tack.

Deine Mutter arbeitet auf dem Fischkutter... als Geruch!

Deine Mutter hat so viele Achselhaare, dass jeder denkt, sie hätte zwei Hippies im Schwitzkasten!

Deine Mutter ist so fett, ihr Abschlussfoto musste aus einem Helikopter geschossen werden.

Deine Mutter hat Handy-Homezone auf der Herbertstraße.